CARTA AOS ESCROQUES
– da –
ISLAMOFOBIA
QUE FAZEM O
JOGO dos RACISTAS

CHARB

UM MANIFESTO PÓSTUMO DO DIRETOR DO CHARLIE HEBDO

CARTA AOS ESCROQUES
– da –
ISLAMOFOBIA
QUE FAZEM O
JOGO dos RACISTAS

Casa da Palavra

Copyright © 2015 Les Échappés
Lettre aux escrocs de l'islamophobie qui font le jeu des racistes
Primeiramente publicado em francês pela Les Éditions Les Échappés

Copyright © 2015 Casa da Palavra

Todos os direitos reservados e protegidos pela Lei 9.610, de 19.2.1998.
É proibida a reprodução total ou parcial sem a expressa anuência da editora.

Este livro foi revisado segundo o novo Acordo Ortográfico da Língua
Portuguesa.

Capa
Angelo Bottino

CIP-BRASIL. CATALOGAÇÃO-NA-FONTE
SINDICATO NACIONAL DOS EDITORES DE LIVROS, RJ

C469c
      Charbonnier, Stéphane
         Carta aos escroques da islamofobia que fazem o jogo dos
      racistas / Stéphane Charbonnier / Trad. Sara Spain . 1 ed. – Rio
      de Janeiro: Casa da Palavra, 2015.
         96 p. ; 21 cm.

         ISBN: 978-85-7734-591-5

         1. Artigo. I. Carta aos escroques que fazem o jogo dos racistas.
      II. Sara Spain.

15-24098
                                 CDD: 840
                                 CDU: 840.133.1(82)-4

CASA DA PALAVRA PRODUÇÃO EDITORIAL LTDA.
Av. Calógeras, 6, sala 701 – Centro
Rio de Janeiro – RJ – 20030-070
21.2222-3167   21.2224-7461
editorial@casadapalavra.com.br / www.casadapalavra.com.br

SUMÁRIO

O racismo posto fora de moda pela islamofobia............ 9

A fé é submissão... 19

Condescendência das elites e infantilização 29

Os heróis da luta contra a suposta islamofobia do
    Charlie Hebdo... 45

O efeito borboleta da liberdade de expressão 59

Rumo à elaboração de um conceito abrangente............ 73

O que a ateofobia tem a ver com tudo isso?.................... 91

Nota do editor

Este texto foi concluído em 5 de janeiro de 2015, dois dias antes do ataque terrorista contra o *Charlie Hebdo*, no qual Charb perdeu a vida.

Se você acha que a crítica às religiões é expressão de
   racismo,
Se você acha que "islã" é o nome de um povo,
Se você acha que podemos rir de tudo, menos daquilo
   que é sagrado para você,
Se você acha que condenar os blasfemadores lhe abrirá
   as portas do paraíso,
Se você acha que o humor é incompatível com o
   islamismo,
Se você acha que um desenho é mais perigoso do que
   um drone americano,
Se você acha que os muçulmanos são incapazes de
   compreender a ironia,
Se você acha que os ateus de esquerda fazem o jogo dos
   fascistas e dos xenófobos,
Se você acha que uma pessoa nascida de pais
   muçulmanos só pode ser muçulmana,
Se você acha que sabe quantos muçulmanos existem
   na França,
Se você acha que é essencial classificar os cidadãos
   segundo sua religião,
Se você acha que popularizar o conceito de islamofobia
   é a melhor maneira de defender o islamismo,

Se você acha que defender o islamismo é a melhor
    maneira de defender os muçulmanos,
Se você acha que está escrito no Corão que é proibido
    desenhar o profeta Maomé,
Se você acha que caricaturar um jihadista numa
    posição ridícula é um insulto ao islamismo,
Se você acha que os fascistas atacam o islamismo,
    sobretudo, quando têm como alvo um árabe,
Se você acha que toda comunidade deveria ter uma
    associação antirracista atuante,
Se você acha que a islamofobia é a contrapartida do
    antissemitismo,
Se você acha que os sionistas que dirigem o mundo
    pagaram a um ghost-writer para escrever este livro,
Então, boa leitura, porque esta carta foi escrita para
    você.

O RACISMO POSTO FORA DE MODA PELA ISLAMOFOBIA

Não, realmente o termo "islamofobia" não é uma boa escolha para denominar o ódio que certos imbecis têm dos muçulmanos. E não é só uma escolha ruim: mas também perigosa.

Se encararmos sob o ponto de vista puramente etimológico, islamofobia deveria designar "o medo do islamismo". Mas os inventores, promotores e usuários desse termo empregam-no para denunciar o ódio contra os muçulmanos. É curioso que palavras como "muçulmanofobia" ou, mais amplamente, "racismo" tenham sido preteridas em relação a "islamofobia", não? Etimologicamente, seriam até mais corretas. Então, por qual motivo o termo "islamofobia" se impôs?

Por ignorância, por negligência, por equívoco para alguns, mas também porque muitos dos que militam contra a islamofobia não o fazem, na realidade, para defender os muçulmanos enquanto indivíduos, mas para defender a religião do profeta Maomé.

O racismo está presente em todos os países, desde a invenção do bode expiatório. Provavelmente, sempre existirão racistas. A solução não é investigar o cérebro de todos os cidadãos em busca da menor centelha de racismo, mas impedir que os racistas formulem seus pensamentos nauseabundos, que reivindiquem o "direito" de ser racistas, de expressar seu ódio.

Na França, a palavra racista foi amplamente usada por Sarkozy em seu debate sobre a identidade nacional. Quando a mais alta autoridade do Estado se dirige aos babacas e aos estúpidos dizendo "relaxem, caras", o que vocês acham que os babacas e os estúpidos fazem? Eles começam a dizer publicamente aquilo que, até então, se limitavam a arrotar no final das refeições em família regadas a muito álcool. A palavra racista, que as associações, os políticos e os intelectuais tinham conseguido confinar em um espaço compreendido entre a boca do xenófobo e a porta de sua cozinha, saiu à rua, irrigou a mídia, entupiu um pouco mais os esgotos das redes sociais.

Sim, estamos assistindo a uma explosão de manifestações de racismo. Mas o termo "racismo" só é empregado timidamente, e está prestes a ser substituído por "islamofobia".

Quando uma mulher de véu é insultada e violentada porque está usando véu à moda muçulmana (o inapreensível agressor é geralmente descrito como um *skinhead*), o anti-islamófobo apoia a vítima por sua condição de representante do islamismo, e não por se tratar de uma cidadã discriminada por um fascista em razão de suas crenças. Para seu defensor, o mais grave é que tenha sido atacada enquanto mulher muçulmana, e não enquanto cidadã que tem o direito de se vestir como quiser. A verdadeira vítima é o islamismo. Assim, Deus é colocado bem acima da fiel, mas, ferindo-a, foi Deus quem se buscou atingir. Para o combatente anti-islamófobo, é isso que é realmente intolerável.

Eis por que os anti-islamófobos dos quais se falará aqui não se proclamaram antimuçulmanófobos. Eles consideram os muçulmanos a quem defendem apenas como instrumentos de Deus.

A tal ponto que poderíamos ter a impressão de que, hoje, os estrangeiros ou os cidadãos de origem estrangeira só são agredidos na França porque são muçulmanos... Em breve as vítimas de racismo que são de origem indiana, asiática, cigana, negra africana, antilhana etc. precisarão arranjar uma religião, se quiserem ser defendidas.

Os militantes comunitaristas que procuram impor às autoridades judiciárias e políticas a noção de "islamofobia" não têm outro objetivo senão o de impelir que as vítimas de racismo se afirmem muçulmanas. Que racistas sejam ainda por cima islamófobos, desculpem, mas é quase anedótico. São antes de tudo racistas, e, através do islamismo, na verdade visam mesmo ao estrangeiro ou à pessoa de origem estrangeira. Quando se passa a considerar no racista somente a islamofobia, minimiza-se o perigo racista. O militante antirracista de ontem está se transformando em varejista hiperespecializado, dentro de uma forma minoritária de discriminação. Lutar contra o racismo é lutar contra todos os racismos; lutar contra a islamofobia é lutar contra o quê? Contra a crítica a uma religião, ou contra a aversão aos seus praticantes, porque são de origem estrangeira? Enquanto debatemos para saber se afirmar que o Corão é um livro insignificante constitui uma forma de racismo ou não, os racistas rolam de rir. Se amanhã os muçulmanos da França se converterem ao catolicismo ou renunciarem a qualquer religião, isso não mudará nada no discurso dos racistas: esses estrangeiros ou franceses de origem estrangeira serão sempre apontados como responsáveis por todos os males.

Vejamos, Mouloud e Gérard são muçulmanos. Mouloud é de origem magrebina e vem de uma família muçulmana. Gérard é de origem europeia e vem de uma família católica. Gérard se converteu ao islamismo. Ambos são candidatos à locação de um apartamento. Qual dos dois muçulmanos, ambos de renda igual, tem mais chance de conseguir o apartamento? O que tem cara de árabe ou o que tem cara de francês? Não é ao muçulmano que a locação será recusada, é ao árabe. E o fato de o árabe não apresentar nenhum dos sinais exteriores de pertencimento à religião muçulmana não mudará nada. O que fará o militante anti-islamofobia? Ele vai berrar que houve discriminação religiosa, em vez de se insurgir contra o racismo.

Lembremos aqui o que diz o Código Penal francês:

> Constitui discriminação toda distinção feita entre pessoas físicas em razão de origem, sexo, situação familiar, gravidez, aparência física, sobrenome, estado de saúde, deficiência, características genéticas, costumes, orientação ou identidade sexual, idade, opiniões políticas,

atividades sindicais, pertencimento ou não pertencimento, verdadeiro ou suposto, a uma etnia, uma nação, uma raça ou uma determinada religião.

A discriminação social, da qual se fala muito menos do que da religiosa, por ser mais sorrateira e discreta em sua expressão, é, no entanto, predominante na França. Os patrões selecionam os futuros empregados menos em função do pertencimento religioso destes, suposto ou real, do que em função, por exemplo, do local de residência. Entre um Mouloud que mora em Neuilly-sur-Seine e um Mouloud que vive em Argenteuil,* qual dos dois, de igual competência, tem mais chance de conseguir o emprego? Mas, dessa discriminação, quem fala? Discriminam-se amplamente as pessoas em razão de sua origem social, mas – tal como entre os pobres que ninguém quer ver em sua empresa, em seu bairro, em seu prédio – há uma grande proporção de pessoas de origem estrangeira e, entre elas, uma significativa porção de pessoas de origem muçulmana: o militante do islamismo dirá que o problema é a islamofobia.

---

* Neuilly-sur-Seine e Argenteuil são comunas francesas que possuem uma disparidade grande de renda per capita.

Vejamos agora o exemplo de Mouloud e de Abdelkader. Ambos são muçulmanos, ambos de origem estrangeira, ambos mais morenos do que Gérard. Mouloud não tem um tostão, Abdelkader é milionário. A qual dos dois será recusada a locação de um apartamento? Ao muçulmano Mouloud ou ao milionário Abdelkader?

Se é necessário recusar-se a empregar os termos "islamofobia" ou "cristofobia", assunto ao qual voltaremos adiante, o que dizer das noções igualmente novas de "homofobia" ou "negrofobia"? São aceitáveis pela simples razão de que o sentido desses dois termos não é ambíguo, embora a moda de acrescentar "fobia" ao final de cada palavra seja perfeitamente grotesca. "Homofobia" e "negrofobia" não são empregadas para descrever o ódio que certas pessoas podem sentir contra uma ideologia ou uma religião, mas realmente contra seres humanos. A homofobia não é condenável porque seria uma crítica à homossexualidade, mas por expressar o ódio aos homossexuais. De igual modo, quando se fala de negrofobia, na verdade fala-se do ódio que alguns expressam contra as pessoas negras, contra indivíduos.

A FÉ É SUBMISSÃO

Crer é, antes de tudo, ter medo

Segundo o *Robert* (não, não é o sujeito que degusta amendoins em um bar, refiro-me ao dicionário), "islã" em árabe significa "submissão". Um muçulmano é alguém que é *submisso* a Deus. Por que ele se submete? Porque seu Deus é o melhor, o mais musculoso, o de penteado mais bonito, mas, sobretudo, porque, se afirmar o contrário, arderá no inferno até bem depois do fim do mundo. Portanto, o crente é instado a não ficar de gozação com Deus, sob pena de sofrer algo pior do que a morte, por toda a eternidade. Devemos então levar aos tribunais todos os imames, rabinos, padres que exortam suas ovelhas a temer o Senhor? Afinal, esses devotados servos do Criador não contribuem para o desenvolvimento de uma espécie de teofobia?

Ao ouvirmos certas pregações, compreendemos por que o crente um tanto frouxo e impressionável volta para casa com o cu na mão, certo de que o menor de seus movimentos é perscrutado pelo olhar Divino. Deus é uma supercâmera de vigilância contra a qual ninguém protesta seriamente. No entanto, ela foi instalada sem que nenhum eleito ou cidadão tenha sido consultado. Deixemos para lá.

Um dia, por diversão, terei de publicar todas as cartas de ameaças que recebi no *Charlie Hebdo* de fascistas católicos e fascistas muçulmanos. O argumento principal para nos convencer a parar de blasfemar é bem tolo: após nossa morte, Deus nos fará comer o pão que o diabo amassou. Não é legítimo que algumas almas sensíveis experimentem uma fobia das religiões, quando estas as ameaçam? A fobia de Deus?

Os primeiros islamófobos seriam então os próprios crentes. Eles se cagam de medo só de pensar que seu Deus vingador irá puni-los pelo mínimo deslize.

Ter medo é um direito

Sem dúvida, ter medo do islamismo é cretino, absurdo, e várias outras coisas, mas não é um delito.

Da mesma forma que você pode manifestar seu temor ao cristianismo ou ao judaísmo sem acordar um juiz e acionar a máquina judiciária. Aliás, pode acontecer de um crente ter, ele mesmo, a fobia de outras religiões. Ensinaram-lhe que a dele era a melhor do mundo. Aliás, a melhor, não: a única verdadeira! Ao proclamar que os textos que considera sagrados dizem a verdade, o crente subentende que os outros contam lorotas. Pode-se supor que ele se apavore com a perspectiva de que a maioria se converta a uma falsa religião. Ou, mais exatamente, de que o grosso da clientela se mude para a concorrência. Não é de espantar que o católico seja islamófobo e que o muçulmano seja catolicófobo: isso é exatamente o que seus dirigentes religiosos lhes solicitam. Não gostar da religião do outro é o cotidiano dos sacerdotes de todas as confissões, e isso não parece incomodar ninguém. Os padres, os imames e os rabinos têm o direito de ser islamófobos, judeófobos ou catolicófobos sem que ninguém os recrimine.

Além disso, devemos lembrar que uma religião não existe sem crentes. Um texto só se torna sagrado e eventualmente perigoso porque um leitor fanático decide aplicar de forma literal o que está escrito em seu livro de cabeceira. É preciso ser realmente ingênuo para tomar ao pé da letra o que dizem os textos fundadores de todas as grandes religiões, e é preciso ser particularmente psicopata para querer reproduzir em casa aquilo que eles pregam. Em suma, o problema não é nem o Corão nem a Bíblia, romances soporíferos, incoerentes e mal escritos, mas sim o fiel que lê o Corão ou a Bíblia como se lesse as instruções de montagem de uma estante da Ikea. É preciso fazer tudo direitinho, como está marcado no papel, senão o universo despencará... Realmente é preciso degolar o infiel seguindo a linha pontilhada, senão Deus me privará do Club Med após minha morte.

Pegue qualquer livro de culinária, declare que tudo o que está escrito ali é a verdade e aplique literalmente, a você mesmo e aos outros, aquilo que essas novas sagradas escrituras preconizam. Resultado? Um banho de sangue. Seu vizinho faz crepes sem glúten porque é alérgico? O livro sagrado não diz nada sobre essa possibilidade! Leve seu vizinho à fogueira, ele está blasfemando! Ele costuma untar com manteiga demais a fôrma de bolo? Pena de morte!

A mesma experiência é possível com qualquer livro. Pronto, experimente com um de Stephen King, para se divertir...

Todas as correntes de pensamento
são submissas à crítica

Os textos "sagrados" só são sagrados para os que acreditam neles. Embora certas associações muçulmanas e católicas venham atuando há anos para que o delito de blasfêmia seja reconhecido e punido pela Justiça francesa, ninguém se arrisca à prisão por ter criticado este ou aquele dogma religioso (exceto na Alsácia-Mosela, voltaremos ao assunto).

Um crente pode blasfemar na medida em que blasfemar tem um sentido para ele. Um não crente, por mais que se esforce, *não pode* blasfemar. Deus só é sagrado para quem acredita nele. Para insultar ou ultrajar Deus, é preciso estar persuadido de que ele existe. A estratégia dos comunitaristas disfarçados de antirracistas consiste em fazer a blasfêmia passar por islamofobia e a islamofobia por racismo.

Por exemplo, não ocorreria aos comunistas a ideia de tratar os anticomunistas como comunistófobos nem de exigir sua condenação por racismo anticomunista. Você pode forçar a realidade como quiser, mas não fará muita gente admitir que existe uma "raça" comunista. Tampouco existe a "raça" islâmica. O comunismo é uma corrente de pensamento hoje minoritária na França, e é regularmente atacada, ou pelo menos violentamente escarnecida, por todos os fiéis defensores do triunfante modelo liberal. Não existe (infelizmente) um bilhão e pouco de comunistas no mundo, o partido comunista não é (infelizmente) o segundo partido da França, há (infelizmente) mais mesquitas do que federações do partido comunista, e um comunista que trabalha em contato com a clientela não pode exibir uma bela foice e um martelo amarelos em sua camiseta vermelha.

Embora, ao contrário da existência de Deus, seja difícil negar a de Marx, de Lenin ou de Georges Marchais, duvidar da validade dos escritos ou dos discursos deles não é blasfemar, mostrar-se racista ou comunistófobo. Na França, uma religião não é mais do que um conjunto de textos, tradições e costumes perfeitamente criticáveis. Enfeitar Marx com um nariz de palhaço não é nem mais nem menos ultrajante e escandaloso do que enfeitar Maomé com o mesmo penduricalho.

Deus é grande o suficiente para se defender sozinho

Francamente, se Deus existe e é tão poderoso quanto seus servos afirmam, nós, os infiéis, os descrentes, os laicistas radicais, os ateus, os anti-teístas, os agnósticos, os apóstatas estamos mal... Estamos irremediavelmente condenados ao fogo do inferno.

Daí a pergunta: por que os crentes recorrem à justiça dos homens para nos punir, se a justiça Divina o fará, e bem mais severamente do que qualquer juiz? Quem é afinal esse Deus, que afirmam todo-poderoso, mas que precisaria de advogados para nos processar? Será que Deus não se ofende, ao constatar que aquele a quem até então considerava como um bom crente recorreu à justiça, e não à oração? Por que o fiel faria Deus se arriscar a cair no ridículo perdendo um processo na Terra, embora esteja seguro de vencer todos os processos no Céu? Não quero brigar com ninguém, mas, do ponto de vista do crente, não seria blasfêmia o ato de pedir a magistrados, que talvez sejam descrentes eles mesmos, a condenação de outros descrentes em nome de Deus? Encarregar--se da defesa de Deus não é a expressão de uma espécie de pecado por orgulho? Deus, o criador do mundo, aquele sujeito de ombros largos que brinca com nosso planeta como o motorista parado no sinal vermelho brinca com as melecas que tira do nariz, precisa do mestre Fulano de Tal para lavar sua honra?

Ao atacarem na justiça os blasfemadores, as associações comunitaristas só provam uma coisa: elas não acreditam em Deus.

Ou então são favoráveis à dupla punição, o que é particularmente maldoso e perverso. Querem que sejamos condenados aqui, na França, e uma segunda vez, lá no alto. Ou melhor, lá embaixo, pois é comumente admitido que o inferno fica no subsolo e o paraíso no primeiro andar.

Que certos crentes queiram submeter um punhado de blasfemadores ao inferno na Terra é uma contrafação. Como é que o mais dotado dos fiéis pode rivalizar com Deus, atamancando uma pálida imitação do inferno oficial, aquele onde a pele dos supliciados cresce de novo cada vez que é arrancada? A Disneylândia processaria todos os que se arriscassem a abrir sem autorização um parque copiado do modelo original. É espantoso que Deus, considerado ainda mais rigoroso quanto à regulamentação do que os herdeiros da Disney, não castigue severamente os crentes atamancadores que se lançam à exploração na Terra de um parque temático cujos direitos eles não detêm.

CONDESCENDÊNCIA DAS ELITES E INFANTILIZAÇÃO

Os jornalistas a serviço da islamofobia

Sem a cumplicidade, na maioria das vezes imbecil, da mídia, o termo "islamofobia" não conheceria esse sucesso delirante. Por que os meios de comunicação foram tão ágeis em se apoderar da islamofobia? Primeiro, por negligência, depois por atração pela novidade e, finalmente, por interesse comercial. Não há nenhuma motivação antirracista por parte deles no fato de contribuírem para popularizar o termo "islamofobia". Ao contrário.

Em poucas palavras: todo escândalo que contém a palavra "islã" no título vende bem. Desde o atentado de 11 de setembro de 2001, a mídia põe em cena um personagem ao mesmo tempo fascinante e apavorante: o terrorista islâmico. Um terrorista provoca muito cagaço, mas se você acrescentar que é islâmico, todo mundo se borra nas calças. O medo vende bem. O islamismo que dá medo vende bem. E o islamismo que dá medo se tornou o único islamismo visível aos olhos do grande público.

Porque o islamismo com que a mídia alimenta os consumidores é forçosamente radical e combatente. Com muita frequência, o que os grandes meios de comunicação apresentam como uma informação sobre o islamismo é, na realidade, uma caricatura. E isso não suscita franco protesto entre as associações que acossam a islamofobia. Na medida em que são convidadas a se expressar sobre a ascensão da islamofobia, todo mundo sai ganhando.

Em contraposição, quando uma caricatura do islamismo dito radical é apresentada como uma verdadeira caricatura, e uma caricatura assumida, é que os caçadores de islamófobos se irritam. Na verdade, para existir midiaticamente, é menos arriscado implicar com um jornal pequeno como o *Charlie Hebdo* do que atacar as principais cadeias de televisão ou os *news magazines*...

Hoje, o jornalista que pede a um muçulmano para comentar a "ascensão da islamofobia" só está pedindo, afinal, um comentário sobre aquilo que a própria mídia criou. Em resumo, ele contribui para amplificar um problema e em seguida finge se espantar com a existência e a persistência desse problema. O líder muçulmano a quem o apresentador do noticiário das 20 horas solicita que expresse seu sentimento sobre essa famosa "ascensão da islamofobia" deveria lhe cuspir na cara. Ele tem diante de si o promotor do cagaço que o islamismo suscita.

As *caricaturas de Maomé*

O *Charlie Hebdo* publicou caricaturas de Maomé bem antes do escândalo das caricaturas dinamarquesas. Note-se que os desenhistas do *Charlie Hebdo*, antes do caso dito das "caricaturas de Maomé", eram designados e designavam a si mesmos como desenhistas de imprensa. Desde então, geralmente são apresentados como caricaturistas.

Não neguemos o recurso à caricatura para comentar a atualidade, mas a caricatura é apenas um elemento do desenho. Não há nada de vergonhoso nisso, mas esse detalhe mostra até que ponto o caso das caricaturas de Maomé influenciou a maneira como o grande público passou a encarar o trabalho dos desenhistas do *Charlie Hebdo*.

O profeta dos muçulmanos foi, portanto, desenhado no *Charlie Hebdo* bem antes daquele episódio. Nenhuma associação nem nenhum jornalista se mostrou horrorizado diante desses desenhos. Às vezes alguns indivíduos expressavam sua desaprovação por uma mensagem, e só. Nada de manifestações, de ameaças de morte, nada de atentados. Foi somente após a denúncia e a instrumentalização das caricaturas dinamarquesas por um grupo de extremistas muçulmanos que o ato de caricaturar o profeta dos crentes se tornou um assunto capaz de desencadear crises de histeria midiáticas e islâmicas. Primeiro midiáticas, em seguida islâmicas. Quando, em 2006, o *Charlie Hebdo* reafirmou o direito, para um desenhista, de caricaturar o terrorismo religioso, republicando as caricaturas dinamarquesas de Maomé, a mídia apontou seus projetores para o jornal satírico. O *Charlie Hebdo* tornava-se assim, também ele, um alvo potencial da vindita dos loucos de Deus. Fez-se uma publicidade delirante em torno da publicação desses desenhos, não porque eram particularmente chocantes, mas porque não podiam deixar de ser chocantes, considerando-se o que sua instrumentalização havia provocado no estrangeiro.

O desenho que representava um Maomé com um turbante em forma de bomba se tornou o mais célebre. Embora não tenha sido compreendido por todo mundo da mesma maneira, pôde ser lido por todos, visto que não incluía texto. Seus detratores decidiram ver ali um insulto para com todos os muçulmanos.

Adereçar o profeta dos crentes com uma bomba era sugerir que todos os seus fiéis eram terroristas. Outra interpretação era possível, mas interessava menos à mídia, na medida em que não cheirava a enxofre e, portanto, não vendia bem. Maomé adereçado por uma bomba podia denunciar a instrumentalização da religião por parte de terroristas. O desenho dizia: eis o que os terroristas fazem do islamismo, eis como os terroristas que invocam o profeta o veem.

Foi porque a mídia decidiu que a republicação das caricaturas de Maomé não podia deixar de desencadear o furor dos muçulmanos que essa republicação desencadeou a cólera de certas associações muçulmanas. Cólera de fachada, para algumas... Uma vez que os microfones e as câmeras cercavam os representantes dessas associações e os jornalistas os pressionavam a se pronunciar sobre o caráter blasfematório dos desenhos, afinal era preciso que esses porta-vozes reagissem. Era preciso mostrar aos fiéis mais irritados que eram verdadeiramente bons defensores da fé.

*　*　*

Os muçulmanos mais radicais compensam sua inferioridade numérica com um intenso ativismo militante. Todo mundo cai nessa armadilha. Tanto as associações muçulmanas quanto os jornalistas. Porque eles falam mais grosso, eles são o islamismo, o verdadeiro. A realidade é que muçulmanos mesmo, crentes que respeitam todas as obrigações religiosas, não há muitos. E, entre estes, a maioria não se envolve em associações religiosas, quer sejam consideradas moderadas ou não. E podemos compreendê-los. Eles não necessitam que alguém lhes explique como devem crer.

Por mais que o islamismo seja apresentado como a segunda religião mais praticada na França, isso não significa que todos os imigrados ou filhos de imigrados oriundos de um país de maioria muçulmana sejam muçulmanos. Lembremos que, em 2010, segundo uma pesquisa do Instituto Nacional de Estudos Demográficos (INED) e do Instituto Nacional de Estatística e Estudos Econômicos (INSEE), 2,1 milhões de pessoas se declaravam muçulmanas na França, enquanto 11,5 milhões se diziam católicas e 125 mil, judias... Números jamais retomados pelos comunitaristas, que continuam a afirmar, em função de seu humor, do clima do momento ou de seus interesses, que existem 6, 8, 10 ou mesmo 13 milhões de muçulmanos na França!

A fé não se transmite – ainda bem – pelos genes, como gostariam de nos fazer acreditar os comunitaristas e... a extrema direita. Mas, se seus pais são muçulmanos, ou supostamente o são, considerando-se a origem deles, você será considerado muçulmano pelos comunitaristas e pelos fascistas. Os jornalistas que necessitam inflar um pouco os números "assustadores" ficam felicíssimos quando certos líderes comunitaristas em busca de reconhecimento e poder lhes servem de bandeja esses números.

Desde o episódio das caricaturas de Maomé e o ruidoso processo que se seguiu, o *Charlie Hebdo* está sob uma vigilância midiática quase constante. Basta ousarmos publicar uma capa representando o profeta, ou mesmo um personagem que poderia ser encarado como ele, e pronto, começa tudo! O desenho em questão será definido como "a nova provocação do *Charlie Hebdo*". E, se a televisão decide que se trata de uma provocação, há sempre uma turma de idiotas para se considerar provocada. Se a imprensa usar "escândalo" na chamada, haverá escandalizados.

Quem são os islamófobos? Aqueles para os quais os muçulmanos são suficientemente babacas a ponto de se inflamarem à visão de um desenho grotesco. Um desenho que só puderam ver maciçamente porque foi mostrado em todos os canais de televisão... A islamofobia não é simplesmente um mercado para aqueles que professam denunciá-la, é um mercado para a imprensa que a promove.

A *política a serviço da islamofobia*

Os jornalistas não são os únicos a ver muçulmanos onde deveriam ver cidadãos. Muitos políticos também jogam contra a República lisonjeando o suposto crente em vez do cidadão. O comunitarismo, que todo mundo denuncia nos discursos, é estimulado na prática.

Apenas um exemplo: inesperado, porque o protagonista é um socialista presidente da República. Em 18 de fevereiro de 2014, François Hollande se dirigiu à Grande Mesquita de Paris para inaugurar um memorial em homenagem aos combatentes muçulmanos mortos pela França entre 1914 e 1918. Pode-se compreender que o presidente fantasie quanto à existência de um eleitorado muçulmano, pois os socialistas estão convencidos de que existe um "eleitorado muçulmano". Ou seja, a maioria dos muçulmanos não decidiria seu voto em função das ideias políticas dos candidatos, mas em função do grau de simpatia que estes últimos afirmam dedicar aos muçulmanos. Tal ideia pressupõe que os muçulmanos, prisioneiros de sua identidade muçulmana, só podem refletir enquanto muçulmanos. Pensar dessa maneira é simplesmente tomar os muçulmanos por babacas. Ou por uma gororoba informe. Para os socialistas, se você meter o garfo na travessa de muçulmanos e puxar, vem de tudo. Em bloco. Mais uma vez, os muçulmanos são considerados muçulmanos antes de serem considerados cidadãos. No entanto, isso não seria islamofobia...

É totalmente normal que os responsáveis pelo culto muçulmano prestem homenagem aos muçulmanos mortos por ocasião da Primeira Guerra Mundial. Mas que um presidente da República preste homenagem aos muçulmanos "mortos pela França" é absurdo. Os povos autóctones, os colonizados, os explorados, os escravizados que, em sua maioria, foram arrebanhados e alistados à força não morreram pela França enquanto muçulmanos. Morreram enquanto bucha de canhão a baixo custo. E se de fato morreram pela França, não foi por opção. Morreram por causa da França, morreram para defender um país que havia roubado o deles. Hollande os homenageia enquanto heróis, ao passo que são principalmente vítimas. À sua frente, tinham as balas alemãs, e atrás as baionetas francesas.

Na pilha dos 100 mil mortos nativos de 1914-1918 sobre os quais se afirma serem muçulmanos, seria espantoso encontrar um combatente alistado para defender os valores do islamismo... Soldados muçulmanos teriam feito a jihad em nome da França? Camaradas socialistas, talvez não convenha tomar os colonizados de ontem pelos imbecis de hoje. Que a República erga um monumento aos nativos que ela fez assassinar, e não que invente combatentes muçulmanos mortos pela França! Afinal, será que Hollande se deu conta do grotesco da situação? Ele meditou no memorial dos combatentes muçulmanos, então por que amanhã não meditaria no memorial dos combatentes ateus, dos combatentes homossexuais, dos combatentes vegetarianos, dos combatentes albinos, dos combatentes franco-maçons, dos combatentes cristãos ortodoxos, dos combatentes judeus sefarditas, dos combatentes pacifistas, dos combatentes turfistas, dos combatentes que acreditam que o Sol gira ao redor da Terra...?

A França é um salame que o Partido Socialista tem o infeliz costume de cortar em fatias comunitárias. E não é por respeito a essas supostas comunidades, mas por cálculo eleitoral. Muitas associações de culto rotulam automaticamente como "muçulmanos" indivíduos imigrados que desejam apenas ser tratados como cidadãos. Ou porque não são muçulmanos, ou porque não precisam do apoio de associações mais ou menos representativas para viverem sua fé.

Que Hollande faça o jogo dos varejistas da fé nos deixa embasbacados. Evidentemente, nenhum jornalista, nenhum militante da luta contra a islamofobia criticou o gesto do presidente. No fundo, o que todos eles querem é que os muçulmanos sejam vistos apenas como muçulmanos.

Faz mais de trinta anos que o Partido Socialista promete o direito de voto aos estrangeiros. Foi um compromisso de campanha de François Hollande. Eleito, o presidente declarou várias vezes ser favorável à medida. E esperou que o Senado guinasse de novo à direita para deplorar, em 15 de dezembro de 2014, em seu discurso de inauguração do Museu da História da Imigração, que a oposição fosse contra essa reforma. Estender o direito de voto nas eleições locais aos estrangeiros não comunitários exige uma revisão constitucional à qual três quintos dos parlamentares devem ser favoráveis. Por acaso François Hollande abriu um debate nacional sobre a questão? Não. Ele calcula que é politicamente menos arriscado prestar homenagem a "muçulmanos" mortos pela França do que lutar para conceder um direito legítimo aos imigrados que participam da vida do país.

Essa elite que infantiliza os muçulmanos em nome da luta contra a islamofobia

Mas por que os desenhistas do *Charlie Hebdo*, sabedores de que seus desenhos poderão ser instrumentalizados pela mídia, pelos varejistas da islamofobia, pela extrema direita muçulmana ou pela extrema direita nacionalista, teimam em caricaturar Maomé ou em desenhar símbolos "sagrados" do islamismo?

Simplesmente porque as caricaturas do *Charlie Hebdo* não visam ao conjunto dos muçulmanos. E se, em consequência de uma supermidiatização, o conjunto dos muçulmanos tiver acesso a tais desenhos? Os desenhistas do *Charlie Hebdo* acreditam que nem todos os muçulmanos são intolerantes à ironia. Em virtude de qual teoria distorcida o humor seria menos compatível com o islamismo do que com qualquer outra religião? Dizer que o islamismo não é compatível com o humor é tão absurdo quanto pretender que o islamismo não seja compatível com a democracia ou com o laicismo...

Se dermos a entender que é possível rir de tudo, menos de certos aspectos do islamismo, porque os muçulmanos são muito mais suscetíveis do que o resto da população, o que estamos fazendo, senão discriminação? A segunda religião do mundo, a pretensa segunda religião da França, não deveria ser tratada como se trata a primeira? Seria hora de acabar com esse paternalismo nojento do intelectual burguês branco "de esquerda" que busca existir junto a "pobres infelizes subeducados". Eu, que sou educado, evidentemente, compreendo que o *Charlie Hebdo* faz humor, visto que, por um lado, sou muito inteligente, e, por outro, essa é minha cultura. Mas, por respeito a vocês, que ainda não descobriram a ironia, fustigarei solidariamente esses desenhos islamófobos que fingirei não compreender. Vou me colocar no nível de vocês para lhes mostrar que os amo... E, se for preciso que eu me converta ao islamismo para estar ainda mais próximo de vocês, farei isso! Esses demagogos ridículos têm apenas uma enorme necessidade de reconhecimento e uma formidável fantasia de dominação a saciar.

OS HERÓIS DA LUTA CONTRA A SUPOSTA ISLAMOFOBIA DO *CHARLIE HEBDO*

A *palhaçada das ações na justiça*

Para começar, temos o Sr. Zaoui Saada. Sem dúvida, não é o mais midiatizado dos nossos detratores, mas é o mais combativo. Lidera (como presidente e ao mesmo tempo secretário-geral) a Organização Árabes Unidos, que por sua vez é um "braço" do Partido Argelino Democrático para a Paz e o Progresso. Sim, tudo isso.

Ele ficou conhecido em 2006 ao processar o *Charlie Hebdo* por "delito de provocação à discriminação, ao ódio ou à violência contra um grupo de pessoas em razão de sua origem, de seu pertencimento a uma nação, a uma religião determinada, de provocação aos crimes e delitos". Respirem fundo, a coisa não acaba aí. A acusação era também de "injúria à memória do profeta Maomé, injúria direta à comunidade muçulmana". Tais ações, claro, se seguiam à publicação das caricaturas dinamarquesas de Maomé. Ele exigia 200 mil euros para cada uma de suas associações e 20 mil euros a título pessoal, por "prejuízo moral". É verdade que, na condição de muito próximo do profeta, sem dúvida havia sido mais afetado do que qualquer outro muçulmano pela insuportável violência daquela dúzia de desenhos humorísticos... O Sr. Zaoui Saada não ganhou nada, afora algumas linhas na imprensa.

Em dezembro de 2012, o Sr. Zaoui Saada apareceu novamente na mídia ao processar o *Charlie Hebdo* pela publicação, na edição de 19 de setembro do mesmo ano, de vários desenhos que zombavam tanto de A *inocência dos muçulmanos*, aquele "filme" anti-islamismo difundido na internet, quanto da reação excessiva de certos muçulmanos a essa lamentável porcaria. Sob o título *Intouchables 2*, o desenho de capa desse número do *Charlie* representava um muçulmano numa cadeira de rodas empurrada por um religioso judeu. Desta vez, as duas associações do Sr. Saada e o próprio Sr. Saada reclamavam um total de... 782 mil euros. Constavam da ação todos os desenhos que, de perto ou de longe, aludiam ao Profeta, inclusive um que zombava do diretor do tal filme anti-islamismo. Assim como um desenho absurdo que mostrava um salafista furioso apontando o Pernalonga e exclamando: "Mais uma representação insultuosa do nosso Profeta!" Dada a publicidade que os indignados profissionais nos tinham dado, havia sido necessário imprimir uma segunda tiragem do *Charlie*, posta à venda na sexta-feira. Sim, o dia sagrado para os muçulmanos. Acreditem ou não, o Sr. Saada se serviu também desse argumento para justificar suas acusações...

No dia do processo, o Sr. Saada, representado pelo seu advogado, não se deslocou até a 17ª Câmara do Tribunal Correcional de Paris. De fato, era compreensível que o Sr. Saada, "conselheiro em gestão" na vida civil, estivesse retido em outro lugar. Na prisão, mais exatamente. Suspeito de tentativa de extorsão de fundos contra a pessoa de um empresário aposentado de Jonzac (Charente-Maritime), o Sr. Saada se encontrava em detenção provisória... Por ocasião da segunda audiência perante a 11ª Câmara da Corte, o advogado do Sr. Saada sequer se dignou a comparecer. Imagine-se a decepção do bilhão e pouco de muçulmanos ofendidos pelos desenhos do *Charlie Hebdo*, e dos quais o Sr. Saada pretendia ser porta-voz...

Outro antagonista notório do *Charlie Hebdo* é o famoso Karim Achoui. Um advogado banido do tribunal em 2012 e muito regularmente designado como "o advogado da marginalidade" por uma imprensa burguesa esquecida de que até a escória tem o direito de ser defendida. Foi de última hora que Karim Achoui, privado de sua principal fonte de renda, se interessou pela defesa do islamismo. Em 2013, ele funda a Liga de Defesa Judicial dos Muçulmanos (LDJM), uma associação cujo objetivo é lutar contra a islamofobia. Nessa ocasião, diz-se rodeado por uma centena de juristas e advogados. Até chegará a se vangloriar por ter tido a adesão do ex-ministro Roland Dumas, sem que o interessado jamais se expressasse publicamente sobre esse compromisso.

Desde a criação de sua associação, da qual parece ser a única voz, Achoui anuncia que atacará o *Charlie Hebdo* por incitação ao ódio racial. Em 9 de agosto de 2013, no site da revista *Marianne*, ele descreve sua ação como "um combate comunitário por liberdades individuais".

Seu alvo: a capa do *Charlie Hebdo* de 10 de julho de 2013, desenhada por Riss. A ilustração mostrava as violências do Exército egípcio contra a Irmandade Muçulmana. Nela se via um islamita tentando, inutilmente, proteger-se de tiros com um exemplar do Corão. Tanto o livro sagrado quanto o homem eram atravessados pelos projéteis. O texto dizia: "O Corão é uma merda, não detém as balas." Diante da violência física, defrontado com a morte, o crente que buscava impor sua visão da religião a todo um povo constata tragicamente que Deus não é tão poderoso assim. Evidentemente, não foi isso que o Sr. Achoui decidiu compreender. Ele só reteve que "o Corão é uma merda". E se baseará unicamente nessa frase, deliberadamente retirada do contexto e tomada em sentido literal, para desencadear ações judiciais. Às vezes, um bom combatente contra a islamofobia deve agir como mais idiota do que realmente é.

Na condição de diretor do *Charlie Hebdo*, recebi pelo mesmo desenho duas convocações para duas jurisdições diferentes e por duas queixas distintas. Diante do Tribunal de Grande Instância de Paris, eu era processado por incitação ao ódio em razão do pertencimento religioso, e diante do Tribunal Correcional de Estrasburgo, por blasfêmia. De fato, o direito específico da Alsácia-Mosela permite que queixosos processem cidadãos por blasfêmia nos departamentos do Baixo Reno, do Alto Reno e da Mosela. Um desenho "racista" em Paris pode ser blasfematório em Estrasburgo? Em teoria, sim. E na prática também.

O artigo 166 do Código Penal local diz:

> Aquele que tiver causado um escândalo blasfemando publicamente contra Deus mediante afirmações ultrajantes, ou tiver publicamente ultrajado um dos cultos cristãos ou uma comunidade religiosa estabelecidos no

território da Confederação e reconhecidos como corporação, ou as instituições ou cerimônias desses cultos, ou aquele que, em uma igreja ou em outro lugar consagrado a assembleias religiosas, tiver cometido atos injuriosos e escandalosos, será punido com prisão de três anos no máximo.

Como isso é possível numa república laica? Em 1905, a Alsácia-Mosela escapa à lei de separação entre as igrejas e o Estado, pois nessa época o território é alemão. Em 1919, quando a França recupera a Alsácia-Mosela, anexada pela Alemanha de Bismarck em 1871, nada é feito para adequar o direito local ao direito francês. Os salários dos padres, pastores e rabinos são financiados pelo Estado, e a manutenção dos imóveis religiosos, católicos, protestantes e judeus, é garantida pelas coletividades locais. Além disso, a "instrução religiosa" é obrigatória na escola.

Karim Achoui não deixou de notar que o islamismo não faz parte das religiões levadas em conta pelo direito da Alsácia-Mosela, jamais reformado desde 1871. A lógica pediria que o islamismo, hoje considerado a segunda religião da França, fosse encarado pela lei da Alsácia-Mosela ao mesmo título que o catolicismo, o protestantismo e o judaísmo. O objetivo principal de Karim Achoui ao atacar o *Charlie Hebdo* em Estrasburgo não era condenar o jornal, mas apontar a incoerência do direito local. Karim Achoui não ocultou sua intenção de se utilizar desse processo contra o *Charlie Hebdo*, que de antemão sabia perdido, para levantar uma Questão Prioritária de Constitucionalidade (QPC) junto ao Conselho Constitucional. Seu propósito, anunciado no site comunitarista Oumma.com, era "reformar, refazer a lei de 1905", que segundo ele "é um insulto a 5 ou 10 milhões de muçulmanos na França". Uma vez que nem o direito alsaciano e moselano nem a lei sobre o laicismo consideram a existência dos muçulmanos, é preciso discutir uma nova lei que leve em conta a fé desses milhões de crentes... Pelo menos, foi o que entendi...

Não teremos a oportunidade de manter um debate com a LDJM diante de um tribunal, nem em Paris nem em Estrasburgo, pois esse coletivo de grandes advogados não conseguiu fornecer aos tribunais envolvidos as provas necessárias, ou sequer comparecer às convocações dos juízes. Pena. Nosso advogado bem que gostaria, ele também, de apontar o absurdo das leis da Alsácia-Mosela relativas aos cultos e de exigir a revogação delas. Karim Achoui fez muito barulho por nada. Ainda assim, conseguiu ser eleito "personalidade do ano de 2013" pelos leitores do site Oumma.com!

Ai de mim, acreditar em Deus é menos decepcionante do que acreditar em Karim Achoui... Na última vez em que visitei o site da LDJM, este ainda estava em preparação. Visivelmente, ela é tão despreparada em direito quanto em informática. E a conta da famosa liga no Facebook? Uma publicidade unicamente para a glória do advogado banido do tribunal.

As associações que se enganam de alvo de indignação

E o que dizer dos signatários daquele manifesto redigido logo após o incêndio das instalações do *Charlie Hebdo*, e que se seguiu à publicação do número denominado *Charia Hebdo*? Um manifesto intitulado: "Pela defesa da liberdade de expressão, contra o apoio ao *Charlie Hebdo*!". O atentado do qual o *Charlie* foi vítima em 2011 havia sido particularmente midiatizado e amplamente condenado, inclusive por Marine Le Pen (o que, felizmente, não a impediu, alguns meses mais tarde, de nos atacar mais uma vez na justiça). Muito amplamente, para o gosto de um punhado de jornalistas, sociólogos, membros do Partido dos Indígenas da República ou do Coletivo contra o Racismo e a Islamofobia.

O texto deles começa assim: "Afirmamos: que um coquetel molotov lançado à noite em instalações vazias e causador somente de prejuízos materiais não merece uma mobilização midiática e política superior àquela, no mínimo discreta, ocasionada pelo incêndio ou pelo saque de uma mesquita ou de um cemitério muçulmano." O que responder a isso? Essas bravas pessoas têm perfeita razão quanto ao fundo. Apenas um pequeno esclarecimento sobre os fatos: o fogo foi desencadeado por dois mecanismos incendiários; no mesmo dia, o site do *Charlie Hebdo* era pirateado por um islamita turco e a redação recebia uma chuva de ameaças de morte.

O que não está correto, no texto dos indignados, é o título. Ele dá a entender que apoiar o *Charlie Hebdo* é ir de encontro à liberdade de expressão. Entre aqueles que divulgaram sua solidariedade ao *Charlie Hebdo*, nem todos, evidentemente, aprovavam a linha editorial do semanário, mas sim um órgão de imprensa independente atacado em um país mais ou menos democrático. O que estava sendo defendido não era o *Charlie Hebdo*, mas o próprio princípio da liberdade de expressão. Sem dúvida, as mesquitas são lugares bem conhecidos por sua liberdade de expressão, e os cemitérios muçulmanos são locais onde se debatem grandes temas da atualidade. O *Charlie Hebdo* era culpado por não ser nem uma mesquita nem um cemitério muçulmano. "Há uma liberdade de expressão efetivamente ameaçada, e mesmo mais de uma", prossegue o manifesto: "para começar, a das mulheres que gostariam de se vestir como bem quiserem, sem que um Estado nacional laico lhes imponha pela lei um *dress-code* de boa muçulmana com os cabelos ao vento." O texto também defende os sem-teto, os desempregados, os trabalhadores temporários, "os perpétuos rejeitados do espaço público oficial". Para fazer engolir essa indigesta mixórdia que busca opor a liberdade de uns às liberdades dos outros, era necessária uma pitada de discurso social. Infelizmente, porém, ela não mascara o sabor da propagandística bobagem islamita. Esse valoroso coletivo de zorros do islamismo, que critica com razão a imprensa burguesa, esqueceu-se de notar que esta última falava muito mais das mulheres de véu agredidas na rua do que dos donos de bancas ameaçados por venderem o *Charlie Hebdo*. Pois que se tranquilizem, sua concepção de liberdade de expressão está vencendo, há jornaleiros que, para evitar transtornos, preferem esconder o *Charlie* a vendê-lo...

O *astro do elenco*

Não esqueçamos, em outro registro, a Al-Qaeda. Ou melhor, Al-Qaeda na Península Arábica (AQPA), que desde 2010 publica on-line e em inglês uma revista, chamada *Inspire*, destinada a jovens militantes ocidentais. Precisamente nessa revista, os dois rapazes chechenos que cometeram o atentado a bomba em Boston, em 15 de abril de 2013, encontraram a receita do explosivo. Pois a publicação não se contenta em incitar os simplórios muçulmanos ocidentais a matar infiéis: também fornece alguns conselhos práticos. Pegue umas tábuas e plante nelas, aqui e ali, uns pregos compridos. Em seguida, vá até uma passarela sobre uma autoestrada. Jogue esse troço sobre a pista e constate o resultado: montes de ferragens e de mortos em nome de Alá. Você acaba de dar seus primeiros passos na jihad. Verídico. Há tantos outros truques e dissimulações, que seriam numerosos demais para listar aqui.

Em sua edição de março de 2013, a *Inspire* publica um cartaz no qual figuram onze nomes de personalidades acusadas de "crimes contra o islamismo" e procuradas "vivas ou mortas". Ali encontro meu nome, escrito errado, mas acompanhado de uma foto na qual se pode reconhecer minha cara perplexa. Trata-se de uma foto divulgada na imprensa, e tirada no dia do atentado contra o *Charlie Hebdo*. Divertido. Nesse cartaz, estou em companhia razoavelmente boa. Há o inescapável Salman Rushdie, Geert Wilders, líder da extrema direita holandesa, Flemming Rose, redator-chefe das páginas culturais do diário dinamarquês *Jyllands-Posten*, por cuja iniciativa foram publicadas as caricaturas de Maomé, Terry Jones, um pastor americano completamente idiota que queimou exemplares do Corão, e outros felizes laureados... Para que os retardados a quem essa publicação se dirige entendam bem o que se espera deles, um berro fumegante está representado à esquerda da cabeça do pastor nazista, e à direita desta uma mancha de sangue. A hábil montagem se intitula "YES WE CAN", e embaixo pode-se ler: "A *bullet a day keeps the infidel away*" ("Uma bala por dia mantém longe o infiel"). E por fim: "Defenda o profeta Maomé, as orações e a paz de Alá estejam sobre ele."

A luta contra a islamofobia pode assumir formas bem diferentes (e prefiro de longe as ações capengas de Karim Achoui, embora a *Inspire* domine melhor o humor!), mas o objetivo é o mesmo: impedir o infiel de blasfemar. Sim, eu sei, é desonesto colocar no mesmo plano cidadãos que nos atacam na justiça e criminosos que nos ameaçam de morte. Mas, se esse exagero puder levar os que comparam o *Charlie Hebdo* com um jornal racista a compreenderem que fazer amálgamas vergonhosos é fácil, nem tudo estará perdido...

O EFEITO BORBOLETA DA LIBERDADE DE EXPRESSÃO

Costuma-se opor à liberdade de expressão dos desenhistas do *Charlie Hebdo* outro argumento: por causa da magia das redes sociais, o que vocês desenham nesse seu semanário que vende uns três exemplares na França será visto por milhões de internautas muçulmanos. O bater de asas de uma chargezinha aqui pode desencadear uma tempestade de ódio no outro lado do mundo... Hoje em dia, ao se expressar, a pessoa precisa ter em mente que, quer queira ou não, está se dirigindo a todo o planeta. É preciso ser prudente. É preciso ser *responsável*.

Respeito erigido em princípio básico

Em setembro de 2012, o primeiro-ministro, Jean-Marc Ayrault, e o ministro das Relações Exteriores, Laurent Fabius, então em visita ao Cairo, qualificavam o *Charlie Hebdo* de irresponsável porque vários desenhos tratavam do grotesco filme *A inocência dos muçulmanos*, difundido na internet e do qual já falamos, e das manifestações de cólera que ele havia suscitado no "mundo muçulmano". Na esteira deles, numerosas personalidades políticas e religiosas deploraram a irresponsabilidade do *Charlie Hebdo*. Zombar desse filme débil, zombar da reação desproporcional de um punhado de muçulmanos encolerizados, assim como do excesso de midiatização do evento, e tudo isso em alguns traços de lápis publicados em um jornal francês vendido exclusivamente em bancas, era "botar lenha na fogueira".

As emissoras de TV transmitiam entrevistas de franceses residentes no exterior que responsabilizavam o *Charlie Hebdo* pelas ameaças que pesavam sobre eles e suas famílias. A segurança das embaixadas nos países ditos muçulmanos foi reforçada, escolas francesas no estrangeiro ficaram fechadas por alguns dias...

O *Charlie Hebdo* se tornara mais perigoso do que a Al-Qaeda. Ou melhor, o *Charlie Hebdo* justificava a existência dos grupos terroristas que se afirmam seguidores do islamismo. Desenhos rapidamente classificados como islamófobos legitimavam a ação de assassinos. A provocação vinha do *Charlie Hebdo*, era normal esperar reações violentas.

O jornal, que respeita tanto quanto possível as leis francesas sobre a imprensa, era de repente instado, inclusive por ministros franceses, a respeitar leis internacionais promulgadas por alguns imbecis pretensamente muçulmanos. Quais conclusões devemos tirar desse episódio? Que devemos ceder às pressões dos terroristas? Que é preciso ajustar as leis francesas à charia? Mas qual versão? A mais severa, evidentemente. Isso limita os riscos.

E se amanhã um terrorista que se diz seguidor do budismo arrasar o planeta, nos pedirão que de jeito nenhum coloquemos em cena os atores dessa violência, por medo de desencadear o furor dos budistas do mundo inteiro. E se depois de amanhã um terrorista vegetariano ameaçar de morte todos os que afirmam que comer carne alegra as papilas gustativas, será preciso respeitar as cenouras tal como se exige de nós que respeitemos a confraria dos profetas dos três monoteísmos.

Pedem-nos que respeitemos o islamismo, mas ter medo do islamismo não é respeitá-lo (embora não seja crime ter medo dele). Respeitar o islamismo não é confundi-lo com o terrorismo islâmico.

O que fazem aqueles que ululam de imediato quando o *Charlie Hebdo* publica um desenho com um terrorista que apregoa pertencer ao islamismo? Eles dão a entender que, caricaturando um terrorista islâmico, o desenhista quis simbolizar todos os muçulmanos. Basta que o terrorista seja identificável como muçulmano, então é de todo o islamismo que o desenhista zomba. Se for desenhado um jihadista em suas obras de jihadista, é o bilhão de crentes que foi arrastado à lama. Quando se representa um Maomé que denuncia os extremistas de sua religião, insultam-se todos os muçulmanos. O terrorista deve ser despojado de todos os elementos que podem fazer pensar que ele é muçulmano, e, quanto a Maomé, simplesmente é proibido representá-lo. Se desenhar de maneira grotesca um terrorista islâmico é ser islamófobo, isso equivale a dizer que todos os muçulmanos são terroristas ou são solidários com estes últimos.

Os que acusam os desenhistas do *Charlie Hebdo* de islamofobia sempre que um personagem exibe uma barba não são apenas desonestos ou agem de má-fé gratuita: eles mostram seu apoio ao islamismo dito radical. Quando se desenha um velho que comete um ato pedófilo, não se está lançando o opróbio sobre todos os velhos, não se dá a entender que todos os velhos são pedófilos (nem vice-versa), e, aliás, afora raríssimos imbecis, ninguém criticaria os desenhistas do *Charlie Hebdo* por isso. O que se desenhou foi um velho pedófilo, mais nada.

A capa do número do *Charlie Hebdo* de 2006 consagrada às caricaturas dinamarquesas e assinada por Cabu é um exemplo magnífico. Um barbudo de turbante segura a cabeça entre as mãos. Está furioso ou chorando. As duas coisas, talvez. Num balão, ele diz: "É duro ser amado por babacas..." O título do desenho esclarece: "Maomé arrasado pelos fundamentalistas". Maomé se queixa da atitude dos fundamentalistas, isso está explícito, e, no entanto, o *Charlie Hebdo* será violentamente criticado por ter dado a entender que todos os fiéis do profeta do islamismo eram babacas... Os desenhos do *Charlie Hebdo* não são simplesmente lidos de viés por uns analfabetos: são remontados por grandes espertalhões com o objetivo de lhes mutilar o sentido.

Como, segundo eles, o *Charlie Hebdo* é um jornal islamófobo e, portanto, racista, tornou-se corriqueiro que nossos detratores transformem um desenho a fim de adequá-lo à ideia que fazem desse jornal. Circulou bastante nas redes sociais um desenho de outubro de 2013, com a assinatura Charb, que representava Christiane Taubira com corpo de macaco. O desenho era realmente meu, mas faltava-lhe o essencial. Realizado para denunciar a atitude de uma candidata do Front National (FN) às eleições municipais, que em sua conta no Facebook havia emparelhado a foto de um macaco à da ministra da Justiça, ele era intitulado "Partido Azul Racista" e embaixo, à esquerda, figurava uma chama tricolor... As duas menções haviam sido suprimidas dessa paródia de cartaz do FN. Por quem? O primeiro a fazer circular o desenho sem o texto nem a chama foi o cantor Disiz em 2013.

Disiz havia participado de um rap que acompanhava a estreia do filme *La Marche*, livremente inspirado na Marcha pela Igualdade e contra o Racismo de 1983. Treze rappers redigiram a letra dessa canção. Entre eles Akhenaton, Kool Shen, Soprano, Nekfeu... Foi este último que compôs os versinhos seguintes:

> *D't'façon y a pas plus ringard que le raciste*
> *Ces théoristes veulent faire taire l'islam*
> *Quel est le vrai danger: le terrorisme ou le taylorisme?*
> *Les miens se lèvent tôt, j'ai vu mes potos taffer*

Je réclame um autodafé pour ces chiens de Charlie Hebdo.*

O *Charlie Hebdo* foi incendiado em 2011 depois que publicou um número intitulado *Charia Hebdo* para zombar do risco de instauração da charia na Tunísia e na Líbia. Portanto, Nekfeu convocava poeticamente a incendiar de novo o jornal por razões religiosas... O *Charlie Hebdo* respondeu a Nekfeu, mas foi Disiz quem retrucou no Instagram, com um desenho manipulado, que o *Charlie Hebdo*, jornal bem conhecido por sua islamofobia, era também um jornal racista. A polêmica se concluiu por uma divertida postagem de Disiz, sempre no Instagram, dirigida aos desenhistas do *Charlie Hebdo*: "Mesmo que vocês fossem mudos eu lhes cortaria a palavra, querem saber como farei isso? Pois bem, vou lhes cortar as mãos [...]."

Algo semelhante aconteceu com um ex-colaborador do *Charlie Hebdo* que hoje se empenha em denunciar publicamente o caráter racista do jornal

---

* Em tradução livre: "Seja como for, nada é mais careta do que o racista / Esses teoristas querem calar o islamismo / Qual é o verdadeiro perigo: o terrorismo ou o taylorismo? / Meu pessoal se levanta cedo, eu vi meus chapas dando duro / Exijo um auto-da-fé para esses cachorros do *Charlie Hebdo*". (N. da T.)

(evidentemente, a partir do dia em que saiu de lá) com uma extraordinária má-fé. Para dar suporte às suas afirmações, também considerou útil reproduzir imagens retiradas do contexto. Assim, um desenho que mostrava um (verdadeiro) islamita belga particularmente pirado, de quem um jornalista do *Charlie* havia feito um longo perfil, era isolado e denunciado como um desenho que punha em cena o "muçulmano típico".

Qual é o interesse, para pessoas que parecem sinceras em sua luta contra o racismo, de fazer passar por racista uma publicação como o *Charlie Hebdo*? Um jornal que defende o voto dos imigrados, a regularização dos ilegais, as leis antirracistas... Não deveríamos estar no mesmo campo de batalha? Sim. Mas isso significa esquecer que não é a luta contra o racismo que realmente interessa a essas pessoas, e sim a promoção do islamismo.

Prudência e covardia a serviço da islamofobia

Felizmente, nem todos demonstram a mesma irresponsabilidade que o *Charlie Hebdo* ante o risco de ser tratado de islamófobo ou de blasfemador. Tomemos o exemplo da edição 2012 do festival de criação contemporânea de Toulouse, denominado Primavera de Setembro. O artista marroquino Mounir Fatmi apresentava sua obra *Technologia*, um vídeo projetado sobre a Pont-Neuf daquela cidade, no qual apareciam versículos do Corão. Pelo fato de "textos sagrados", suratas do Corão, terem sido projetados (acidentalmente, ao que parece) sobre o piso da ponte, um grupúsculo que se afirmava muçulmano protestou, sob o pretexto de que pisotear versículos do texto sagrado era insultuoso para com sua religião. Uma transeunte, aliás, teria sido espancada por haver caminhado em cima deles. Um imame interveio para restabelecer a calma, e umas dez viaturas de polícia tomaram posição nas proximidades do sacrilégio.

O artista ficou espantadíssimo: "Essa instalação, homenagem à minha herança árabe-muçulmana, e que foi comprada e apresentada pelo Museu de Arte Contemporânea de Doha, no Qatar, jamais havia enfrentado problemas até agora." Após uma reunião de crise na prefeitura, da qual participaram representantes muçulmanos, ele decidiu recuar: "As condições de exposição do meu trabalho não foram reunidas e prejudicam a legibilidade da obra, e, sobretudo, sua compreensão; prefiro suspendê-la." Ao mesmo tempo, o diretor da Primavera de Setembro, Paul Ardenne, se encagaçava: "No contexto atual, hipersensível, é melhor assim."

Quando se cede a uma extrema minoria que só representa a si mesma, reconhece-se sua autoridade. Esses radicais confiscam a palavra do islamismo, e todo mundo dá a entender que eles têm razão. O islamismo na França, por conseguinte, já não significa milhões de crentes que, praticando ou não seu culto, não enchem o saco de ninguém: é, oficialmente, um punhado de cães farejadores. E a culpa não cabe aos muçulmanos, mas aos cretinos dos burgueses acuados, aterrorizados pela ideia que fazem dos muçulmanos. Estes seriam muito intolerantes e muito sensíveis a qualquer palavra, qualquer ato que pudesse ser interpretado como islamófobo.

O que a obra de Mounir Fatmi e as caricaturas de *Charlie* têm em comum? As reações indignadas de um punhado de babacas.

Grandes intelectuais aterrorizados, velhos palhaços moralistas e jornalistas idiotas se perguntaram seriamente se era bem-vindo publicar caricaturas de Maomé "no atual contexto"... Em Toulouse, uma obra artística que não contrariava em nada as regras do islamismo foi anulada porque era potencialmente islamófoba. Portanto, já não se trata de dissertar sobre os limites da liberdade de expressão. Não se trata de dissertar sobre determinado desenho para saber se é de bom gosto ou de mau gosto... Os censores não querem saber de jeito nenhum dessa porcaria de liberdade de expressão! *De jeito nenhum!* Mas eles têm razão em manifestar sua idiotice bárbara, porque isso funciona. A autocensura está se tornando uma arte primordial na França.

Mounir Fatmi teve medo de que sua obra não fosse compreendida... Mas por quem? Esses gritalhões jamais compreenderão alguma coisa, não há nada a lhes explicar! Enquanto o mais babaca dos talibãs não for capaz de compreender minha arte, eu me recuso a expressá-la, é isso? O Corão não é só o livro santo dos muçulmanos, é também um livro patrimônio da humanidade (livre de direitos autorais).

Dar a entender que somente os imames e os fiéis podem evocar o Corão, o profeta ou Deus, sem cair na islamofobia, é fazer o jogo dos islamitas mais radicais. E, ao transmitir somente a palavra de extremistas, o que se está fazendo, a não ser criar entre as pessoas uma aversão ao islamismo?

RUMO À ELABORAÇÃO DE UM CONCEITO ABRANGENTE

Os *católicos: invejosos*

O termo "islamofobia" se tornou tão popular que a extrema direita católica, que vê no islamismo uma "falsa religião" e ao mesmo tempo uma concorrência inaceitável, tenta se apoderar do conceito. Nas manifestações contra certas peças de teatro que colocavam Jesus em cena sem conformidade com o direito canônico e nas passeatas contra o casamento para todos, ouviram-se slogans nos quais era denunciada a "catolicofobia". De fato, assim como existem uma islamofobia e islamófobos, por que não haveria uma catolicofobia e catolicófobos? Por ter mostrado em imagens Jesus, o papa, os santos e todo o material litúrgico com muita frequência, o *Charlie Hebdo* foi perseguido mais de uma dúzia de vezes por uma associação de católicos fundamentalistas que durante muito tempo foi próxima do Front National: a Aliança

Geral contra o Racismo e pelo Respeito da Identidade Francesa e Cristã (AGRIF). Ela luta contra o racismo... O racismo antibranco e anticristão. O *Charlie Hebdo* foi acusado por essa associação, entre outras coisas, de racismo antifrancês. Como se manifesta, para católicos fundamentalistas, o racismo antifrancês? É simples: desenhando a Santa Virgem em posições que jamais haviam sido evocadas em sua biografia oficial, insultávamos a França. De fato, desde que Luís XIII consagrou sua pessoa e seu país à Mãe de Deus, a França e a Virgem são indissociáveis. Zombar da Virgem é zombar da França e de todos os franceses.

Isso foi antes da invenção da islamofobia. Hoje, os desenhistas e redatores do *Charlie Hebdo* são menos racistas antifranceses do que catolicófobos. Se funciona com os muçulmanos, não se vê por que não funcionaria com os católicos e, mais generalizadamente, com os cristãos. Sim, a cristofobia é um dos males que corroem a "filha mais velha da Igreja" (não exatamente, pois não foi o reino da França o primeiro a se tornar cristão, mas o da Armênia).

Quando, em 29 de outubro de 2011, os católicos fundamentalistas da Associação Civitas levaram até o Théâtre de la Ville, em Paris, sua manifestação nacional contra a cristofobia, para protestar contra a apresentação da peça *Sur le concept du visage* *du fils de Dieu* (Sobre o conceito do rosto do filho de Deus), de Romeo Castellucci, por eles considerada blasfematória, um punhado de muçulmanos solidários foi ao seu encontro. Era divertido ver (eu estava lá) os numerosos católicos da Civitas cantando, de joelhos e em meio ao gás lacrimogêneo, "Ave Maria, cheia de graça" à esquerda do teatro, enquanto, no terrapleno da Place du Châtelet, barbudos os encorajavam com bandeirolas, exigindo especialmente que "não se toque em Issa", o nome de Jesus em árabe. Para os muçulmanos, Jesus, embora não seja o filho de Deus, é ainda assim um profeta importante. O problema era que os militantes da Civitas estavam separados de seus amigos muçulmanos por um cordão de guardas, o que impedia qualquer contato. Uma vaga inquietação se apoderou dos cristãos que oravam quando estes viram aqueles barbudos muçulmanos. Muitos não compreenderam que eles estavam ali para apoiar sua ação, e se interrogaram em voz alta sobre as razões da presença daqueles "mulatos".* Não eram hostis? Não, não eram. Mas as frases ouvidas naquele dia de certos católicos fundamentalistas eram menos "islamófobas" do que simplesmente

---

* No original, *bougnoules*, gíria depreciativa (originada de um termo uólofe que significa "negro") com a qual são identificados os norte-africanos. (N. da T.)

racistas. Deixemos para lá. A extrema direita católica não precisa do apoio dos muçulmanos fundamentalistas, só precisa do vocabulário deles. Se o islamismo recuperou algumas figuras do cristianismo para assentar sua legitimidade, os católicos fundamentalistas, séculos mais tarde, recuperam as astúcias propagandísticas de seus equivalentes muçulmanos.

Toda vitória dos muçulmanos integristas em sua luta contra a islamofobia é esperada ao mesmo tempo com sofreguidão e inveja pelos católicos fundamentalistas. Quando, em 7 e 8 de fevereiro de 2007, correu em Paris o processo que três associações muçulmanas moviam contra o *Charlie Hebdo* por ter republicado as caricaturas dinamarquesas, uma só testemunha foi citada pelos queixosos: um padre católico. Alianças são possíveis.

Desde 1905 os católicos fundamentalistas, mas também outros, tidos como mais moderados, não engolem a adoção da lei de separação entre as Igrejas e o Estado e sonham com uma revanche. Aquilo que uma jurisprudência concederia aos muçulmanos seria igualmente concedido aos outros crentes.

Os termos "catolicófobo" e "cristófobo" ainda não têm o sucesso midiático de "islamófobo", porque há uma diferença real entre os atos antimuçulmanos e os atos que seriam anticristãos. Os atos antimuçulmanos são muito mais numerosos, embora existam na França menos muçulmanos do que cristãos. E é difícil citar discriminações contra cristãos em razão de seu pertencimento religioso. Mas não é o caso de se desesperar: é à força de martelar mentiras que se acaba impondo uma verdade.

E *a judeofobia?*

Só falta os judeus fundamentalistas entrarem na dança. O termo "judeofobia" de fato existe, mas é ambíguo demais. Não se sabe se designa o ódio ao judeu na medida em que este nasceu de pais judeus, é de cultura judaica ou pertence ao povo judeu, ou o ódio ao judeu como adepto da religião judaica. Sim, os judeus/judeus são um saco. Os judeus só têm uma palavra para designar duas coisas. Se nem todos os árabes são muçulmanos, se nem todos os europeus são cristãos, nem todos os judeus de etnia são judeus de religião... Então, como zombar da cara dos extremistas religiosos judeus sem criar confusão com o conjunto do povo judeu? Designando-os precisamente. Não é muito complicado. Tanto quanto não é complicado distinguir jihadista e muçulmano, muçulmano e imigrado, muçulmano e árabe, árabe e magrebino etc.

No entanto, o grande projeto dos antagonistas da islamofobia é o de situar no mesmo plano o antissemitismo e a crítica contra pessoas que invocam o islamismo. Zombar de um terrorista islamita seria a mesma coisa que afirmar que os judeus de etnia são seres inferiores ou nocivos. As redes sociais estão infestadas por esse tipo de comentário que insinua que os caricaturistas não se permitem com os judeus de etnia aquilo que se permitem com os muçulmanos (mais uma vez, não é porque alguém representa um muçulmano com um AK-47 que todos os muçulmanos usam um fuzil desses). Pois bem, não. Não, se se tratar do povo judeu. Assim como não ridicularizamos o povo árabe porque é árabe, não ridicularizamos o povo judeu porque é judeu.

Em contraposição, sim, colocamos no mesmo plano os religiosos judeus extremistas que, por exemplo, expulsam os palestinos da Cisjordânia recorrendo a buldôzeres e a fuzis-metralhadoras e os jihadistas que expulsam os infiéis no Iraque ou na Síria. Não representamos um árabe em trajes de muçulmano se quisermos representar um árabe, e não representamos um judeu de etnia vestido de rabino se quisermos representar um judeu de etnia. Não há correspondência entre o racismo ou o antissemitismo e a crítica a extremistas religiosos. Mas não adianta, os inventores da islamofobia querem absolutamente que a islamofobia seja considerada como racismo antimuçulmano equivalente ao antissemitismo, esse racismo anti-judeus.

E não existem apenas imbecis pregando a favor desse reconhecimento. O excelente jornalista Alain Gresh publicou no *Le Monde Diplomatique* de 20 de setembro de 2012 um longo texto no qual a "ir-responsabilidade" do *Charlie Hebdo* era fustigada. Segundo ele, o *Charlie Hebdo*, jornal antirracista e de esquerda, faria o jogo da direita e da extrema direita. Eis um trecho: "Imaginemos, em 1931 na Alemanha, em plena ascensão do antissemitismo, um semanário de esquerda fazendo um número especial sobre o judaísmo (a religião) e explican-do detalhadamente, sem nenhuma conotação antissemita, que o judaísmo era retrógrado, que a Bíblia era um texto de apologia da violência, do genocídio, da lapidação, que os judeus religiosos usavam trajes esquisitos, sinais religiosos visíveis etc. Evidentemente, não seria possível dissociar essa publicação do contexto alemão e da ascensão do nazismo [...]. Estamos vivendo na Europa a as-censão de forças nacionalistas, de partidos, cuja arma principal já não é o antissemitismo, como nos anos 1930, mas a islamofobia." De fato, o *Char-lie Hebdo* poderia ter dito isso tudo sobre o judaís-mo (a religião), só que nós o teríamos dito sobre os extremistas religiosos judeus, e não sobre o conjunto dos judeus crentes. Mas, em 1931, existia um terrorismo internacional que invocava o judaísmo ortodoxo? Jihadistas judeus ameaçavam instaurar o equivalente da charia na Líbia, na Tunísia, na Síria, no Iraque? Um rabino Bin Laden tinha mandado um biplano se esfacelar contra o Empire State Building? Não sou historiador, mas não creio... Em 1931, o fundamentalismo judaico não era o que é, no século XXI, o fundamentalismo muçulmano. E, não, a islamofobia não é o novo antissemitismo. Não existe novo antissemitismo, existe aquele velho, monstruoso e imortal racismo. Um racismo do qual são vítimas populações de origem muçulmana, sim. Hoje, na França, o racismo mais violento se exerce contra populações ciganas. Deve-se afirmar que existe uma "ciganofobia"? Ridículo. O que existe é um racismo contra os ciganos.

Por que pretender de qualquer jeito emparelhar antissemitismo com islamofobia? A única consequência de tal associação seria o desaparecimento da palavra "racismo".

Em 16 de março de 2007, bem antes da publicação do texto de Alain Gresh, Plantu, nosso confrade desenhista do *Le Monde*, muito engajado na luta contra a censura, participava como convidado de um debate organizado em Genebra pela ONU.

Ali, reclamou "uma trégua das blasfêmias", relatava então a Agence France-Presse (AFP). Tal trégua, segundo Plantu, deveria ser igualmente observada pelos "desenhistas médio-orientais que representam judeus de etnia ou israelenses com narizes aduncos". Ao ler esse tipo de declaração, levamos as mãos à cabeça e nos perguntamos se não seria melhor mudar de ofício... Para Plantu, a crítica à religião deveria então ser colocada no mesmo plano que o racismo. Plantu situa lado a lado os caricaturistas que põem em cena Maomé e os ilustradores que participaram do concurso de desenhos sobre o Holocausto organizado na época pelo Irã... Como, segundo Plantu, os desenhistas médio-orientais confundem antissemitismo e blasfêmia, sigamos os passos deles, sustentemos que o Holocausto é uma religião e que por esse motivo não se pode questionar sua existência! E, já que estamos no assunto, digamos que há tantas provas da existência de Deus quanto da existência do Holocausto. O ruído que se ouve? Os negadores esfregando as mãos.

Não existe blasfêmia antirrepublicana!

Infelizmente, os propagandistas religiosos que tentam impor um crime de blasfêmia na França não estão sozinhos. Às vezes o Estado dá o mau exemplo. Embora a palavra "blasfêmia" não apareça nos textos, tampouco "francofobia" ou "republicanofobia", há leis que instauram e castigam a blasfêmia antirrepublicana ou antifrancesa.

Foi para protestar contra o decreto de 21 de julho de 2010 que reprime o ultraje à bandeira francesa, e contra a lei de 18 de março de 2003 que reprime o fato de ultrajar publicamente o hino nacional ou a bandeira tricolor, que, em janeiro de 2011, o *Charlie Hebdo* convocou todos os cidadãos a resistir à censura. Tratava-se de ridicularizar, de destruir ou de conspurcar o símbolo da República. Não se tratava de convidar para destruir um bem material pertencente a alguém, mas sim de mostrar que uma República laica não pode decidir por seus cidadãos qual símbolo é sagrado ou não.

Em 6 de março de 2010, a Fnac de Nice divulga o resultado de um concurso de fotografia amadora. Para ilustrar o tema "politicamente incorreto", um concorrente clicou um homem limpando o traseiro com a bandeira tricolor. Essa imagem, premiada pelo júri, foi publicada em 19 de março pelo jornal gratuito *Metro*. Protestos partiram do administrador do departamento, do presidente do conselho geral, membro da União para um Movimento Popular (UMP), e de associações de ex-combatentes. Michèle Alliot-Marie, ministra da Justiça, e Brice Hortefeux, ministro do Interior, também ficam indignados.

Em 25 de maio de 2010, Louis Nègre, senador UMP dos Alpes-Maritimes, revela ter apresentado um projeto de lei que visa punir os ultrajes aos emblemas nacionais. Em 1º de julho de 2010, fica-se sabendo pela imprensa que dois assalariados da Fnac foram demitidos por falta grave. Segundo a direção da empresa, são responsáveis por "validar" o escandaloso resultado do concurso fotográfico.

Em 23 de julho de 2010, o decreto que reprime o ultraje à bandeira é publicado no *Journal Officiel*:

> Do ultraje à bandeira tricolor.
> "Art. R. 645-15. Exceto os casos previstos pelo artigo 433-5-1, será punido pela multa prevista para as contravenções da quinta classe o fato, quando cometido em condições de natureza a perturbar a ordem pública e na intenção de ultrajar a bandeira tricolor:
> "1º De destruir esta última, deteriorá-la ou utilizá-la de maneira degradante, em um local público ou aberto ao público;
> "2º Para o autor de tais atos, mesmo cometidos em um local privado, de difundir ou de fazer difundir o registro de imagens relativas ao seu cometimento.

"A reincidência nas contravenções previstas no presente artigo é reprimida em conformidade com os artigos 132-11 e 132-15."

Em 27 de setembro de 2010, a Liga dos Direitos Humanos (LDH) anuncia ter apresentado ao Conselho de Estado um recurso contra esse decreto. A LDH considera que esse decreto "viola a Constituição e o princípio de liberdade de expressão". Ao que parece, a LDH não recebeu nenhuma resposta.

Pela primeira vez, em 22 de dezembro de 2010, um homem é condenado em virtude do decreto que reprime o ultraje à bandeira francesa. Uma primeira vez que não custa muito caro: o Sr. Saïdi recebe multa de 750 euros com sursis por ter quebrado o mastro de uma bandeira tricolor em uma administração regional. Na véspera, o Sr. Saïdi, um argelino que viera renovar seu visto temporário na administração de Nice, teve um acesso de raiva quando tornaram a lhe pedir que voltasse outro dia. Apoderou-se da bandeira que estava no vestíbulo do prédio, partiu o mastro ao meio e jogou tudo em cima do funcionário, sem, no entanto, atingi-lo. Foi dominado por dois policiais, parece que com dificuldade.

Logicamente, a administração regional dos Alpes-Maritimes o denunciou por "degradação de bens públicos e deterioração de um símbolo da República francesa". E, como agora tem essa possibilidade, por "ultraje à bandeira tricolor". Os funcionários também deram queixa contra ele. E o Sr. Saïdi, além da condenação por ultraje, foi presenteado com quatro meses de prisão com sursis, por rebelião.

Esse decreto sobre o ultraje à bandeira nacional era necessário para condenar o exaltado? Claro que não. A degradação de bens públicos e a rebelião bastariam. Mas, dado o clima no qual o governo da época nos mergulhou deliberadamente, lançando o debate sobre a identidade nacional, obter a condenação de um estrangeiro, ainda por cima argelino, por ultraje era bom demais. A administração, retransmissora da política discriminatória do Estado sarkozysta, tinha o dever de experimentar essa nova arma, que, mais cedo ou mais tarde, será empregada também contra os maus franceses.

Pensando bem, ninguém acha ultrajante que o FN tenha se apoderado das cores nacionais para com elas fazer seu logotipo. Amigos blasfemadores, sejam rápidos, se quiserem rir um pouco! Nesta França mirrada, amedrontada, congestionada, maldosa, azeda, mijar sobre a chama do Front National não demorará a ser um ultraje à bandeira que lhes custará 1.500 euros.

O *Charlie Hebdo* não foi processado em virtude da lei que reprime o ultraje à bandeira. Ao que parece, essa lei não foi mais aplicada desde o caso Saïdi, mas continua existindo e os fascistas se servirão dela um dia, visto que nenhuma lei os impede de concorrer às eleições e de serem eleitos... De fato, correr o risco de deixar as chaves do Élysée nas mãos gorduchas da extrema direita não é faltar com o respeito à República...

Outro exemplo igualmente absurdo pode ilustrar a tentativa de instaurar na França uma blasfêmia republicana calcada sobre a blasfêmia religiosa.

Em 17 de setembro de 2010, quatro islamitas vestidos de preto falam à multidão no centro de Limoges. Um dos homens está equipado com um megafone, enquanto dois de seus amigos erguem uma bandeira preta na qual está escrita, em branco e em árabe, a profissão de fé muçulmana. O homem barbudo, de solidéu branco, que discursa brandindo um Código Penal francês, denuncia o conteúdo "dessas 3 mil páginas" que supostamente protegem os indivíduos. Na verdade, nessas 3 mil páginas "não há uma só linha que proteja o direito dos muçulmanos". "Na França, ser islamófobo é um direito", conclui ele, indignado, lançando ao solo o Código Penal francês. "Este livro não nos defende, portanto, nós não o respeitamos. É este livro que deve ser queimado, e não outro! Enquanto ele não for modificado." E, em vez de queimá-lo, ele atira no exemplar. A cena, que foi filmada, certamente ainda pode ser vista no YouTube.

O que aconteceu ao exaltado? Ele se chama Mohamed Achamlane e é o líder de um grupúsculo islamita batizado de Forsane Alizza ("Os Cavaleiros da Altivez"), dissolvido em fevereiro de 2012. Cometeu atos bem mais graves do que jogar um livro no chão e foi condenado. Mas por essa falta de respeito ao Código Penal, assim como pela invasão a uma lanchonete McDonald's (em 12 de junho de 2010) e pelo apelo ao boicote da marca, que ele acusa de apoiar Israel, foi julgado em 9 de junho de 2011 por "provocação pública à discriminação nacional, racial ou religiosa". Foi condenado a quatro meses de prisão com sursis e a 2 mil euros de multa. Claro, sua condenação não se deveu unicamente ao fato de ele haver lançado um Código Penal no chão, mas foi condenado também por isso, sem que se possa dizer precisamente qual pena corresponde à blasfêmia contra o Código Penal.

Como se pode seriamente condenar alguém por ter atirado em um livro, seja este qual for? Quer seja o Corão, a Bíblia, a Torá, o Código Penal, o Código Rousseau, as Páginas Amarelas ou mesmo o segundo volume das aventuras de Valérie Trierweiler, trata-se apenas de algumas folhas de papel escurecidas com tinta. É particularmente cretino queimar um livro, mas não é muito saudável sacralizar símbolos, quer sejam republicanos, religiosos ou outros.

Em outubro de 2010, um homem residente em Bischheim, no Baixo Reno, filmou-se enquanto fazia um aviãozinho com páginas do Corão e em seguida o lançava contra uns vidros que supostamente representavam as torres do World Trade Center. Por fim, queimou o que restava do Corão, antes de urinar em cima para apagar as chamas. A cena foi divulgada na internet pelo autor. Ele também foi objeto de denúncias por provocação pública à discriminação nacional, racial ou religiosa. O homem foi declarado inocente, pois o tribunal considerou que o vídeo "não excedia os limites da liberdade de expressão" e que seu autor havia estigmatizado "atos terroristas aos quais a comunidade muçulmana não pode ser assimilada". Ufa.

Se a justiça consegue distinguir os muçulmanos dos terroristas que invocam o islamismo, por que a maioria dos anti-islamófobos não consegue? De igual modo, seria bom que a justiça compreendesse que, quando a bandeira francesa é queimada ou conspurcada, não é toda a França a ser visada... E, ainda que o fosse, piedade, chega de caça às blasfêmias!

O QUE A ATEOFOBIA TEM A VER COM TUDO ISSO?

Se a ateofobia designa a crítica violenta ao ateísmo, amigos carolas, sejam ateófobos com toda a serenidade! Não reservem seus insultos contra a razão à intimidade de seus túmulos do pensamento, que vocês chamam de templos, igrejas, sinagogas ou mesquitas! Façam jornais, blogs, shows, espetáculos de marionetes, para zombar desse absurdo que a vida sem Deus, a vida sem seu Bichinho de Pelúcia supremo, representa para vocês! Caricaturem a ausência de Deus, façam nele um narigão, um narizinho, olhos de louco, cabelos hirsutos, nenhum ateu irá jamais levá-los à justiça, vocês não receberão ameaças de morte, e suas instalações não serão destruídas...

Ocorre que não há terrorismo ateu no século XXI. Os ateus são perseguidos quase no mundo inteiro, mas nenhum destrói as obras de arte criadas por crentes para homenagear seu Deus. Mais ainda, com muita frequência esses ateus estúpidos são os primeiros a pedir que sejam protegidos os sítios religiosos ameaçados por piedosos bárbaros para os quais a beleza é uma blasfêmia contra o Criador deles. Um Criador cego e surdo, ruim como a peste e um completo imbecil.

Vamos lá! Ousem! Ousem simplesmente rir daqueles que consideram seus inimigos, ousem rir sem retenção (mas só se não for pecado) dos hereges, dos incrédulos, dos apóstatas, ninguém os matará em nome daquilo que não existe! Nenhum ateu reivindicará a existência de um racismo antiateu. Eles não são *cool*, os ateus? Só despertarão e irão à justiça se forem vítimas de uma discriminação em razão de sua ausência de fé. Recusar um trabalho a um ateu porque ele é ateu ou recusar um trabalho a um muçulmano porque ele é muçulmano são coisas que têm a ver com a mesma lei, o mesmo direito, o mesmo tribunal. Nenhuma discriminação é menos ou mais grave do que outras.

1ª edição	*outubro de 2015*
papel de miolo	*Lux cream 70g/m²*
papel de capa	*cartão supremo 250g/m²*
tipografia	*Celestia Antiqua Std*